el sistema solar del 1 al

carla baredes e ileana lotersztain

¿Qué es ediciones iamiqué?

ediciones iamiqué es una pequeña empresa argentina manejada por una física y una bióloga empecinadas en demostrar que la ciencia no muerde y que puede ser disfrutada por todo el mundo. Fue fundada en 2000 en un desván de la Ciudad de Buenos Aires, junto a la caja de herramientas y al ropero de la abuela.

ediciones iamiqué no tiene gerentes ni telefonistas, no cuenta con departamento de marketing ni cotiza en bolsa. Sin embargo, tiene algo que debería valer mucho más que todo eso: unas ganas locas de hacer los libros de información más lindos, más divertidos y más creativos del mundo.

Idea y texto: Carla Baredes e Ileana Lotersztain
Lectura crítica: Mariano Ribas
Corrección: Patricio Fontana y Laura A. Lass de Lamont
Diseño y diagramación: Lisa Brande y Javier Basile

© ediciones iamiqué
info@iamique.com.ar
www.iamique.com.ar

Primera edición: marzo de 2007
Tirada: 4.000 ejemplares
I.S.B.N.: 978-987-1217-15-1

Queda hecho el depósito que establece la ley 11.723
Impreso en Argentina. Printed in Argentina

Baredes, Carla
    El Sistema Solar del 1 al 10 / Carla Baredes e Ileana Lotersztain.- 1ª. ed.- Buenos Aires : Iamiqué, 2007.
    24 p. ; 21x21 cm.- (Ciencia para contar)

    ISBN 978-987-1217-15-1

    1. Astronomía para Niños. I. Lotersztain, Ileana II. Título.
CDD 520.54

Los números están en todas partes: en los días que faltan para que empiecen las vacaciones, en la distancia que te separa de la casa de tu mejor amiga, en las monedas que tienes que juntar para comprar un chocolate, **en las velas que vas a soplar en tu próximo cumpleaños,** en los bocados que faltan para que termines tu cena... **Y también están escondidos en el Sistema Solar.**
¿Quieres descubrirlos?

1 estrella llamada Sol

que mantiene girando a su alrededor a todos los integrantes del Sistema Solar.

Aunque tú creas que se merece una categoría especial, **el Sol no es más que una estrella** entre el montón de estrellas que hay en el Universo.

Lo que hace que la veas tan grande y tan brillante es que está muchísimo más cerca de la Tierra que todas las demás.

Como las otras estrellas, el Sol es una enorme bola de gases muy, muy, muy calientes, que desprende luz y calor. Si no fuera por la luz y el calor que nos llegan desde el Sol, la Tierra sería un planeta oscuro, helado y sin vida.

2 grupos de planetas separados por 1 cinturón de asteroides

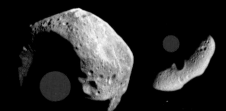

Los asteroides son trozos de piedra y metal que giran alrededor del Sol. Algunos son realmente grandes, aunque no tan grandes como para ser considerados planetas. La mayoría de los asteroides se mueven entre los caminos que recorren Marte y Júpiter, y forman un cinturón que divide a los planetas en dos grupos: **los interiores** –que están más cerca del Sol y son bastante compactos– y **los exteriores** –conocidos como planetas gigantes gaseosos–.

"Asteroide" significa "de figura de estrella".

3 tipos de meteoritos caen sobre la Tierra

rocosos, ferrosos y ferrosos de tipo rocoso.

De tanto en tanto, algunos asteroides chocan entre sí y se rompen en varios pedazos que salen despedidos en todas direcciones. Si alguno de esos pedazos viaja hacia la Tierra, al acercarse a ella el aire lo frota y lo calienta, del mismo modo que se entibian tus manos cuando las restriegas. Si se trata de un fragmento no más grande que una piedrita, se enciende y se desintegra antes de tocar el suelo. ¿Has visto alguna vez uno viajando por el cielo? *¡Pasó una **estrella fugaz**!* Si el fragmento es un poco mayor, entonces no se desintegra y choca contra el suelo. *¡Cayó un **meteorito**!* Algunas poquísimas veces, el fragmento puede ser realmente grande y ya no es un meteorito sino un **asteroide**. Algunos pueden hacer cosas muuuuuuy impresionantes... ¡hasta provocar la extinción de los dinosaurios!

El cráter Barringer (Arizona, Estados Unidos) se formó hace unos 50 000 años por el impacto de un asteroide. El hoyo es tan grande que en su superficie podrían acomodarse unos 100 campos de fútbol.

La palabra "meteorito" proviene de la palabra griega meteoros, que significa "elevado en el aire".

4 lunas descubrió Galileo en Júpiter

Io, Europa, Ganimede y Calisto.

Hace unos 400 años, el sabio **Galileo Galilei** apuntó hacia Júpiter el telescopio que él mismo había construido. Después de mucho investigar, descubrió que Júpiter no estaba solo: **lo acompañaban 4 lunas**. Este descubrimiento fue muy, muy importante porque, entre otras cosas, ayudó a demostrar que la Tierra no es el centro del Universo, como casi todos creían en aquel momento.

Hoy se sabe que muchos
planetas tienen lunas
(llamadas también "satélites").
La mayoría, incluso, tiene más
de una. ¡Y Júpiter tiene muchas más
lunas de las que vio Galileo! Así como los
planetas acompañan al Sol en su viaje por el
Universo, las lunas acompañan a los planetas
en su viaje alrededor del Sol.

La palabra "satélite" proviene de la palabra latina satelles, *que significa "compañero de viaje".*

partes tiene un **cometa**

un núcleo, una cabellera, una cola de polvo,
una cola de iones y una envuelta de hidrógeno.

Cuando está muy, muy lejos del Sol, un cometa es como **una bola de nieve sucia**. Pero a medida que se acerca al Sol, se calienta cada vez más, y su aspecto cambia increíblemente. Alrededor del cometa se forma una **nube de vapor y polvo** que refleja la luz del Sol y hace que el cometa se vea como una pelota difusa y brillante. Además, algo de ese polvo queda rezagado y forma **dos colas** como las de un vestido de novia, que se curvan en la dirección opuesta al Sol.

En cada vuelta alrededor del Sol, el cometa pierde algo de su contenido. Por eso se dice que los cometas tienen vida corta... ¡aunque se trate de varios millones de años!

La palabra "cometa" proviene de la palabra griega kome, *que significa "cabellera".*

6 veces llegó el Hombre a la Luna

durante las misiones Apolo 11, Apolo 12, Apolo 14, Apolo 15, Apolo 16 y Apolo 17.

El 20 de julio de 1969, quinientos millones de personas se sentaron frente al televisor para ver a un hombre que iba a hacer historia. Se llamaba Neil Armstrong y fue **el primer ser humano que pisó un lugar fuera de la Tierra**. Mientras la gente lo miraba maravillada caminar por la Luna, Neil dijo: "Éste es un pequeño paso para un hombre, pero un salto gigantesco para la humanidad".

Neil y su compañero Buzz Aldrin estuvieron casi un día entero paseando por la Luna, mientras Michael Collins los esperaba a bordo de la nave Columbia. Los 3 regresaron a la Tierra 8 días después del lanzamiento, sanos, salvos y locos de contentos.

La Luna fue explorada 5 veces más, y no recibe visitas desde 1972.

Entre los antiguos griegos, Apolo era el dios de la belleza, de la música y de la poesía.

7 anillos principales tiene Saturno

con nombres muy poco originales: A B C D E F y G

Gracias a sus 7 anillos, Saturno nos ofrece una de las imágenes más espectaculares del Sistema Solar. En realidad, cada anillo está formado por muchísimos anillos finitos y muy próximos entre sí, y se cree que hay unos **100 000 en total**.

¿Sabes qué son? No son discos compactos, como parecen, sino un montón de pedazos de hielo, piedra y polvo –algunos muy chiquitos, otros grandes como rocas– que giran alrededor del planeta.

Júpiter, Urano y Neptuno también tienen anillos, pero no tantos ni tan brillantes como los de Saturno.

Entre los antiguos romanos, Saturno era el dios de la agricultura.

8

planeta tiene el Sistema Solar

que dan vueltas alrededor del Sol y giran sobre sí mismos.

• **Mercurio** es el más pequeño y el que está más cerca del Sol.

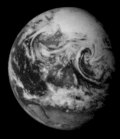

• **Tierra** es el único planeta donde hay vida (hasta donde se sabe).

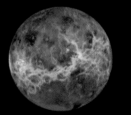

• **Venus** es el más caliente y el que se ve más brillante en el cielo.

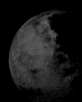

• **Marte** es el más parecido a la Tierra y tiene un volcán que podría ser el más grande del Sistema Solar.

- **Saturno** es el que tiene más anillos y el único que podría flotar en el agua.

- **Neptuno** es el más alejado, el más frío, el que tiene los vientos más fuertes y el que tarda más tiempo en dar una vuelta alrededor del Sol.

- **Júpiter** es el más grande, el más pesado y el que tiene más satélites. Posee un huracán que podría tragarse entera a la Tierra.

- **Urano** fue el primer planeta que se descubrió con la ayuda de un telescopio.

La palabra "planeta" proviene de la palabra griega planetes, que significa "errante o vagabundo".

9 astronautas alojó la estación espacial ISS

el 28 de julio de 2005

2 que se iban: John Phillips y Sergei Krikalev, y 7 que llegaban: Steve Robinson, Soichi Noguchi, Wendy Lawrence, James Kelly, Andy Thomas, Eileen Collins y Charles Camarda.

Una estación espacial es un laboratorio que gira alrededor de la Tierra... algo más allá de la capa de aire que la rodea. Allí se realizan observaciones que permiten saber más sobre nuestro planeta y el espacio, y se hacen experimentos que ayudan a mejorar la vida de todos nosotros.

La ISS está en órbita desde el año 1998 y da una vuelta completa alrededor de la Tierra cada hora y media. ¿Imaginas cuántas vueltas lleva dadas? Gracias a ella, hay personas en el espacio permanentemente desde el año 2000. Y no sólo estuvieron allí astronautas, también hospedó a los primeros turistas del espacio. ¿Te gustaría anotarte en la lista de visitantes?

ISS es la sigla inglesa correspondiente a International Space Station *("Estación Espacial Internacional").*

10 kilogramos pesaba el rover *Sojourner*

Aunque nadie pudo –todavía– poner el pie en **Marte**, algunos **robots** recorrieron su superficie como verdaderos viajeros interplanetarios. El primero se llamó *Sojourner*, y llegó a Marte en 1997 a bordo de un cohete con la misión Mars Pathfinder.

Era un vehículo pequeño y liviano, del tamaño de un karting, que tomaba imágenes de todo lo que encontraba a su paso mientras analizaba el suelo, las rocas y el aire marciano. *Sojourner* envió los datos de sus valiosas investigaciones durante casi tres meses –mucho más de lo que se esperaba– hasta que se perdió contacto con él para siempre...

Rover *es la palabra inglesa para "trotamundos".*

Le damos las muchas gracias al Lic. Mariano Ribas, coordinador del Área de Astronomía del Planetario de la Ciudad de Buenos Aires, por sus críticas, sus sugerencias y sus valiosísimas observaciones.

Quieres formar parte de los seguidores de **ediciones iamiqué**?

Esa no es mi cola

Esas no son mis patas

Esas no son mis orejas

¿Por qué se rayó la cebra?
y otras armas curiosas que tienen los animales para no ser devorados

¿Por qué es trompudo el elefante?
y otras curiosidades de los animales a la hora de comer

¿Por qué es tan guapo el pavo real?
y otras estrategias de los animales para dejar descendientes

Este libro se imprimió ~~~~~~~~~~~~~~~~~~~~~~~~ en Grancharoff Impresores, Tapalqué 5868, Ciudad de Buenos Aires. impresores@grancharoff.com

3 1901 04518 0454